AF358477

1269
28415
Rougemont

28,415

AU ROI,

ET A NOSSEIGNEURS

DE SON CONSEIL,

Sire,

ANONYME HATTE DE ROUGEMONT, Ecuyer, Chevalier de l'Ordre Royal & Militaire de Saint Louis, ancien Capitaine au Régiment de Languedoc, Lieutenant pour Votre Majefté au Gouvernement de Belle-Ifle-en-Mer :

Remontre très - humblement à VOTRE MAJESTÉ, qu'il vient d'être dépouillé, par un Arrêt fans exemple, du bien le plus cher à l'homme, le plus précieux dans l'ordre de la fociété civile, & le plus fpécialement favorifé par les Loix.

A

Depuis le premier moment de fa naiſſance, le Suppliant a été livré à trois fuppoſitions d'état différentes. Pendant ſes vingt premieres années il ne s'eſt connu, & il n'a été connu dans le monde, que ſous les noms de *Marie - Joſeph - Jean - Baptiſte Corrigé de la Riviere.* Lorſqu'il eſt entré au ſervice de Votre Majesté, on l'a fait paſſer pour neveu d'un fieur *de la Bourgonniere*, décédé il y a quelques années, Major de la Citadelle de Marſeille. Enfin on lui a fait prendre à l'âge de dix - neuf ans les noms de *Charles-Joſeph de Rougemont;* & c'eſt ſous ces noms qu'il a vécu depuis 1740 juſqu'à préſent.

Trompé par ceux qui le livroient à toutes ces fuppoſitions, le Suppliant n'avoit pu pendant long-tems, ni réclamer les auteurs de ſes jours, ni invoquer le ſecours des Loix; & il s'étoit vu forcé d'adopter, malgré lui, des erreurs dont rien ne l'aidoit à ſortir. Mais la lumiere ayant enfin diſſipé ces ténebres, dans leſquelles il ſembloit qu'on eût voulu l'enſevelir, il a formé ſa demande en Juſtice, *à fin d'être maintenu dans l'état de fils légitime des Sieur & Dame Hatte, ou du moins à fin d'être admis à prouver qu'il eſt effectivement leur fils légitime.*

De quel fuccès ne dut-il pas ſe flatter, à la vue des événements qui ſuivirent cette réclamation! Elle n'eut pas plutôt éclaté, que les parens paternels & maternels des Sieur & Dame Hatte ſemblerent s'accorder à prévenir, par leurs ſuffrages, celui des Magiſtrats. Tous, à l'exception des deux ſœurs du Suppliant & des Sieurs de Latteignant qui crurent devoir garder le ſilence, publierent hautement que le Réclamant étoit né de la Dame Hatte, pendant ſon mariage avec le fieur

Hatte, & qu'ils étoient prêts à le reconnoître pour leur parent : tous le reçurent dans leur maison, le visiterent dans la sienne, l'inviterent à des repas de famille, l'appellerent leur *parent*, leur *cousin* ; plusieurs même lui écrivirent des lettres qui tiendroient lieu d'une preuve écrite, si la notoriété du vœu de toute la famille, avoit besoin d'un tel appui.

Il restoit un autre témoin, dont le suffrage n'étoit pas moins précieux. Pour le bonheur du Suppliant, la Providence avoit prolongé, pour ainsi dire, au-delà de la durée ordinaire de la vie de l'homme, la vie de la Dame Hatte. Agée de près de 80 ans, accablée d'infirmités, prête à comparoître devant l'Auteur de toute justice & de toute vérité, il sembloit que tout concourût à donner le plus grand poids à son témoignage. Le Suppliant l'avoit fait assigner : elle a comparu, & l'a reconnu pour son fils. C'en étoit assez, puisque la Loi n'exige d'autre preuve que celle de la maternité, & qu'il est même impossible d'en faire d'autre. Mais la Dame Hatte a déclaré de plus, & elle a offert de le réitérer sous la religion du serment, que ce fils étoit le fils de son mari, & que la jalousie seule avoit empêché le sieur Hatte, pere, de le reconnoître.

Enfin, comme si tout eût conspiré à réparer les malheurs du Suppliant, la défense même des Dames de Vauvray & de Vieuxmaisons, filles des Sieur & Dame Hatte, étoit devenue une preuve de l'état qu'elles contestoient. Le tems n'a pas encore effacé les traces des outrages qu'elles ont osé faire à la Dame leur mere. La Capitale en a été révoltée. Les ouvrages pé-

riodiques en ont porté par-tout le fcandale. Elles ont
ofé l'accufer d'un commerce fcandaleux, avec un homme, qu'elles ont défigné par fes noms de baptême, par
fes qualités, par fes grades, par fa demeure ; & fi elles
n'ont pas dit expreffément que le Suppliant étoit le
fruit de ce commerce criminel, elles ont voulu du
moins le faire entendre & le perfuader. Sans un pareil
motif, fe feroient-elles permis de couvrir d'opprobre la
vieilleffe de leur mere, & de l'accufer, comme elles
l'ont fait, jufques dans un de leurs Mémoires impri-
més, *d'avoir déshonoré toute fa vie fon mari* * ?

* Plaid. imp.
pag. 41.

Le Subftitut du Procureur - Général de VOTRE
MAJESTÉ, qui portoit la parole devant les premiers
Juges, n'héfita point, à la vue de toutes ces circonftances,
de conclure à ce que le Suppliant fût admis à la preuve
de l'état qu'il réclamoit. Mais les opinions des Juges
s'étant trouvées partagées, la Sentence des Requêtes du
Palais avoit prononcé un appointement.

L'intérêt de faire promptement une preuve qui
pouvoit dépérir, détermina le Suppliant, à interjetter
appel de cette Sentence. Les Dames de Vauvray & de
Vieuxmaifons fe rendirent auffi de leur côté appel-
lantes. Après de longues plaidoieries, le fieur *Seguier*,
Avocat-Général de VOTRE MAJESTÉ, donna fes conclufions conformes, quant à l'admiffion, à la preuve de
l'état, à celles de l'Officier qui avoit rempli, aux Requêtes du Palais, les fonctions du Miniftère public. Mais
portant fes vues plus loin, & s'occupant de l'intérêt de
la Société entiere, qu'il crut voir compromis dans la
Caufe particuliere du Réclamant : il conclut, d'office,
à ce qu'il lui fût donné *acte de la plainte qu'il rendoit*

du crime de suppreſſion & de suppoſition d'état, commis au moment de la naiſſance du Suppliant ; en conſé-quence à ce qu'il fût informé, à la requête du Procureur-Général de VOTRE MAJESTÉ, *contre les auteurs, com-plices & adhérens de ce double crime.* Il fit plus encore, & la Cauſe du Réclamant lui parut une occaſion favo-rable, pour exciter les Magiſtrats à recourir à VOTRE MAJESTÉ & à lui demander une Loi qui prévînt à l'a-venir les dangers qui environnent les enfans au mo-ment de leur naiſſance, par la facilité qu'on a de faire au Miniſtre de l'Egliſe de fauſſes déclarations qui ten-dent à déguiſer, ou même à ſupprimer entiérement l'état que les actes de baptême devroient conſtater : il requit en conſéquence que, *ſous le bon plaiſir de* VO-TRE MAJESTÉ, *& juſqu'à ce qu'il lui eût plu d'en ordon-ner, ainſi qu'elle le jugeroit à propos, il fût fait défenſes aux Miniſtres de l'Egliſe, de recevoir des impuberes, pour parreins & marreines.*

Le Suppliant, plein du plus vif eſpoir, attendoit en paix un Jugement, qui, dans des circonſtances ſi heu-reuſes, ſembloit ne pouvoir être que très-favorable. Mais les ſermens d'une mere mourante, le ſuffrage de toute une famille, le vœu uniforme de deux Officiers chargés du Miniſtère public, la preuve acquiſe de la ſuppreſſion & de la ſuppoſition d'état, le cri de la So-ciété entiere, intéreſſée à ne pas pas voir laiſſer impu-nis des délits, qui tendent à troubler ſon ordre & ſon harmonie, tout à été inutile ; & l'Arrêt intervenu le 23 Mai 1765, a déclaré le Suppliant *non-recevable dans ſa demande.*

Si quelque choſe pouvoit conſoler d'une telle infortune, ce devroit être, sans doute, la grace que Votre Majesté a daigné accorder au Suppliant depuis cet Arrêt. Cet Arrêt le dépouille de son état, & Votre Majesté a daigné lui en donne un dans son service. L'Arrêt le réduit à un état pire que celui de la bâtardise, puisqu'il lui ôte jusqu'à l'espérance même de pouvoir jamais connoître, d'une maniere légale, les auteurs, soit légitimes, soit illégitimes de sa naissance; & Votre Majesté a daigné lui donner un rang, lui confier des fonctions importantes, & l'élever audessus de l'Etat Militaire auquel ses services l'avoient fait parvenir! Un sujet comblé de tels bienfaits peut-il avoir encore quelque chose à desirer? Oui, Sire, & il doit être permis de le dire à un Souverain, qui jouit plus du plaisir d'être le Pere de ses Sujets, que de la gloire d'être leur Roi. La vie est un fardeau, quand on ne peut en jouir sans honte. Si c'est le premier bien d'exister, c'est le comble de l'ignominie & des maux d'ignorer de qui l'on tient cette existence, de chercher, de demander les auteurs de ses jours, & d'être condamné à renoncer aux moyens par lesquels on pourroit les découvrir. Des graces, des honneurs, des distinctions, des récompenses versées sur un tel être ne servent qu'à lui faire sentir de plus en plus le besoin d'une existence honnête, qu'à le porter avec plus d'ardeur à faire tous ses efforts pour recouvrer la place qu'on lui a ôtée dans le sein de la société; & le Suppliant ne trouve qu'un motif de plus dans les graces dont Votre Majesté vient de le combler, pour essayer de s'arracher à l'avilissemenr auquel l'Arrêt dont il s'agit l'a dévoué.

Les moyens de caſſation ſe réuniſſent en foule contre cet Arrêt.

Nul ne peut être ſans état , & cependant l'Arrêt
a réduit le Suppliant à n'en avoir aucun. Le Suppliant
préſentoit des preuves tout acquiſes de la maternité ; de-là naiſſoit la preuve légale de la paternité, ſui-
vant la Loi , *pater eſt quem juſtæ nuptiæ eſſe demonſ-
trant.* L'Arrêt a rejetté cette preuve légale de la légitimité. Le Suppliant demandoit , au cas qu'on ne
trouvât pas ſuffiſantes les preuves acquiſes , d'être admis à la preuve teſtimoniale de la groſſeſſe , de l'accouchement de la Dame Hatte , & de l'identité de
l'enfant dont elle étoit accouchée, avec le Réclamant ;
& l'Arrêt l'a déclaré non-recevable dans cette demande, quoique les Loix prononçaſſent, quoique la raiſon
& la juſtice diſſent qu'il ne peut pas y avoir de fins de
non-recevoir en matiere d'état. A l'appui de cette
preuve demandée , le Suppliant préſentoit des commencemens multipliés de preuves par écrit , & l'on
n'y a eu aucun égard, quoique les Loix & les Ordonnances exigeaſſent qu'on admît à la preuve contre &
outre le contenu aux actes , dès qu'il y a des commencemens de preuves par écrit. Le Miniſtère public avoit
pris des concluſions pour la pourſuite du crime de ſuppoſition & de ſuppreſſion de l'état du Suppliant , &
l'Arrêt n'a ni admis , ni rejetté ſes concluſions. Il a
omis entierement d'y ſtatuer. Enfin tout eſt injuſte
& irrégulier dans l'Arrêt. Il bleſſe également la raiſon ,
la Juſtice, les Loix, les Ordonnances, l'ordre public :
il ébranle tous les fondemens de la Société civile.
Tels ſont les principaux points de vue , ſous leſquels

le Suppliant va réunir les moyens qui l'autorisent à recourir à la justice souveraine de VOTRE MAJESTÉ, pour faire casser l'Arrêt dont il se plaint.

PREMIER MOYEN DE CASSATION.

NUL ne peut être sans état : c'est une vérité qui n'a pas besoin d'être démontrée.

Tout enfant naît, ou dans l'état de la légitimité, ou dans celui de la bâtardise. Dans l'un & l'autre, ils ont un pere & une mere : dans l'un & l'autre, la nature & la loi imposent des devoirs & des obligations à ces pere & mere : dans l'un & l'autre enfin, les enfans ont un intérêt naturel & légal de connoître les auteurs de leurs jours. Il est possible que l'injustice & le crime se soient tellement voilés, qu'on ne puisse plus discerner quelle est, au milieu de la Société, la place qui est due à un enfant, & quels sont ceux de qui il tient sa naissance. Mais du moins doit-on mettre tout en usage pour percer ces voiles ; du moins la Justice doit-elle tout employer pour y parvenir. Elle n'est établie que pour rendre à chacun ce qui lui appartient ; & qu'y a-t-il de plus important, que de rendre à un citoyen l'état qu'on lui a ravi ?

Il n'y a pas d'Ordonnance, ni de Loi dans le Royaume, qui ait consacré ces principes : aucune Ordonnance n'a dit que lorsqu'un enfant seroit sans état, les Tribunaux seroient tenus de lui prêter leur secours, & de le restituer par toutes les voies possibles à l'état qui lui appartient. Mais étoit-il besoin de le dire ? De telles loix eussent deshonoré l'humanité, parce que c'eût été supposer qu'elles n'étoient pas gravées dans tous les cœurs.

Le

Le droit naturel, en effet, eft la fource primitive de la conjonction des deux fexes. De lui dérive par conféquent le droit des peres & meres fur leurs enfans; & le droit réciproque des enfans fur leurs peres & meres. L'on ne peut, fans violer ce droit, refufer d'admettre un enfant, que les paffions ont dépouillé de fon état, à la preuve de cet état : on ne le peut, fans violer de même les loix divines & civiles, & celles qui gouvernent toutes les fociétés du monde, puifque ce feroit priver un enfant du droit que toutes ces loix ont eu pour objet de lui affûrer, en inftituant le mariage & en attachant à cette union les effets qui conftituent fon être civil. En un mot, un Jugement qui refufe à un enfant qui n'a pas d'état, le droit de prouver, s'il lui eft poffible, quel eft l'état qu'on lui a ravi, eft un Jugement qui bleffe la nature, qui confond la raifon, qui fappe par leurs fondemens tous les principes d'équité & de juftice, qui outrage l'humanité, qui ébranle la fociété entiere, & qui contrevient à toutes les loix divines, naturelles, civiles & politiques. Un tel Jugement fans doute eft encore plus fufceptible d'être anéanti, que ceux qui ne contiennent que quelques omiffions des formes établies par les Ordonnances.

Or tel eft le caractère de l'Arrêt contre lequel le Suppliant fe pourvoit. Le Suppliant eft fans état, & on lui a inhumainement refufé le fecours qui lui étoit néceffaire pour recouvrer l'état qui lui à été ravi.

Que le Suppliant fût fans état, c'eft ce qui étoit porté jufqu'à l'évidence, & c'eft fur quoi il ne peut pas y avoir eu le plus léger doute.   B

Le Suppliant porte le nom de *Rougemont*. Il le porte depuis environ vingt-cinq années. Mais ce nom n'eſt pas le ſien : ce nom ne l'attache à aucune famille : ce nom ne lui indique & ne lui donne aucun état. Raſſemblons les preuves de ce point important.

D'abord ſi c'eût été ſon nom, il l'eût porté dès le premier moment de ſa naiſſance, & il eût continué de le porter ſans interruption. Cependant il eſt prouvé par les regiſtres du ſieur *Ceullin*, décédé il y a quinze ans, Maître de Penſion au Fauxbourg ſaint Antoine, par ceux du College de *la Marche*, par un certificat de vie & mœurs de l'année 1733 [*], donné par un Principal de ce College, décédé depuis plus de quinze ans, & par trois inſcriptions de philoſophie des années 1736 & 1737, que pendant les vingt premieres années de ſa vie, le Suppliant n'a porté d'autres noms que ceux de *Marie-Joſeph-Jean-Baptiſte Corrigé de la Riviere*.

Ce fait eſt-il certain? Eſt-il prouvé que c'eſt le même individu, qui, après avoir porté pendant vingt ans les noms de *Marie-Joſeph-Jean-Baptiſte Corrigé de la Riviere*, à porté depuis ceux de *Charles-Joſeph de Rougemont*? Voici les preuves.

1°. Ce ſont les Dames de Vauvray & de Vieuxmaiſons qui ont produit elles-mêmes aux Requêtes du Palais les trois inſcriptions de philoſophie, & qui les ont appliquées au Suppliant, qui en avoit perdu entiérement le ſouvenir. Elles les ont produites, parce que leur ſyſtême, qu'elles ont changé depuis, avoit été devant les premiers Juges, de prouver l'illégitimité ; & comme celui avec qui elles prétendoient que leur mere avoit eu un commerce criminel, s'appelloit

Marie-Joseph, elles ont voulu appuyer les soupçons d'illégitimité qu'elles affectoient de répandre, sur la conformité de ces noms de baptême, avec ceux que le Suppliant avoit pris dans ces inscriptions. Mais, quel qu'ait été leur motif, la production qu'elles ont faite de ces trois inscriptions, est toujours une preuve qu'elles reconnoissent l'identité de celui qui avoit pris ces trois inscriptions avec le Suppliant.

2°. La suite de la contestation a fait naître une seconde preuve également concluante. Ces trois inscriptions sont écrites de la main du Suppliant. Conformément aux art. 5, 6 & 7 du tit. 12 de l'Ordonnance de 1667, il a fait sommer les Dames ses sœurs de déclarer si elles entendoient avouer, ou contester que l'écriture de ces trois inscriptions fût la sienne. Elles ont persévéramment refusé de répondre à cette sommation ; & le Suppliant a donné en conséquence une requête par laquelle il a conclu à ce qu'en conformité de l'art. 7 ci-dessus, *son écriture fût tenue pour reconnue.*

Or, si l'écriture des trois inscriptions est celle du Suppliant, l'identité est démontrée ; il suit que c'est le même individu, qui, après avoir porté pendant vingt ans, les noms de *Marie-Joseph-Jean-Baptiste Corrigé de la Riviere*, a porté pendant vingt autres, ceux de *Charles-Joseph de Rougemont.*

Mais de-là il résulte aussi que le Suppliant est sans état. En effet, ces deux possessions successives de deux états absolument contradictoires, ne peuvent ni se concilier, ni concourir, ni se remplacer. L'état est un & indivisible. Le même individu ne peut avoir été pendant vingt ans *Marie-Joseph-Jean-Baptiste Corrigé de la Riviere*, & depuis *Charles-Joseph de Rougemont*. Le même enfant ne peut être, ni avoir été fils du sieur *Corrigé* & fils du sieur *Rougemont*. Ces variations, cette contrariété de possession, non-seulement dans les noms de famille, mais même dans les noms de baptême, prouvent qu'aucun de ces états n'appartient au Suppliant ; ce sont deux états également supposés, & auxquels il est évident qu'on n'a eu successivement recours que pour cacher le véritable état.

Un acte de baptême se joint, à la vérité, à la possession du dernier état, c'est-à-dire, de celui de *Charles-Joseph de Rougemont*. Mais cet acte de baprême ne peut pas servir à établir en faveur du dernier état, une préférence sur le premier ; il pourroit prouver, tout au plus, qu'il y a eu un enfant qui a été baptisé sous le nom de *Charles-Joseph de Rougemont* : mais le Suppliant est-il cet enfant ? C'est ce qu'il est impossible d'imaginer.

En effet, c'est la possession qui fixe, qui détermine, qui applique le titre de la naissance. Or la possession du Suppliant, celle qui a commencé depuis sa naissance & qui a continué pendant les vingt premieres années, a été contraire à l'acte de baptême qu'on a voulu dans la suite lui appliquer. Après lui avoir dit & lui avoir persuadé qu'il s'appelloit *Marie-Joseph-Jean-Baptiste Corrigé de la Riviere*, on lui a dit & persuadé qu'il s'appelloit *Charles-Joseph de Rougemont*, & on lui a fait adopter l'acte de baptême conçu sous ces noms. On lui auroit fait adopter de même tout autre nom, tout autre acte de baptême. Où est la preuve que ce fût là son nom, son état, son acte de baptême ? Est-ce par ce qu'on le lui a donné ? Mais on lui

avoit donné précédemment d'autres noms de baptême
& de famille qui n'éroient pas les siens. Eſt-ce parce
qu'il l'a adopté ? Mais il avoit de même adopté le premier état qu'on lui avoit donné. Un pareil changement
n'auroit pu ſe faire avec quelque ombre d'apparence,
qu'en s'y faiſant autoriſer en Juſtice, qu'en faiſant une
aſſemblée de parens & d'amis, qu'en invoquant le ſecours
de la notoriété. Rien de tout cela n'a été obſervé; l'application qu'on à faite au Suppliant de cet acte de
baptême n'a été appuyée ſur aucune eſpece de preuve
ni de forme; elle n'a donc pas pu conſtituer ſon état.

La ſuppoſition de ce nouvel état devient encore
plus frappante, ſi l'on conſidere en lui-même cet acte
de baptême. Le pere y eſt dit *abſent*. Les deux parreins
ſont des *impuberes*, auxquels la Loi défend de porter aucun témoignage (1) : l'un n'étoit âgé que de huit, l'autre
que d'onze ans. Delà il réſulte que cet acte n'a d'authen-
ticité que par la ſignature du Miniſtre de l'Egliſe, à qui
l'Ordonnance attribue en effet un caractere pour recevoir ces ſortes d'actes. Mais qu'eſt-ce que cette ſignature?
Le Miniſtre de l'Egliſe n'eſt pas témoin de la naiſſance.
Il ne fait que recevoir les déclarations du pere & des
parreins & marreines. Il atteſte que ces déclarations lui
ont été faites; il n'en certifie pas la vérité. Ainſi l'acte
de baptême oppoſé au Suppliant comme le ſien, n'eſt
autre choſe que l'atteſtation faite par le Prêtre, *que
deux enfans impuberes lui ont déclaré que l'enfant qu'ils
préſentoient au baptême étoit le fils de tels & tels.* Comment cette atteſtation pourroit-elle tenir lieu de la
preuve de l'état? Quel rang ne ſeroit pas uſurpé ou

_____

(1) *Lege Juliâ cavetur ne in reum teſtimonium dicere liceret, qui impuberes erunt.* L. 3, ff. 5, de teſtib.

14

ravi, si un tel acte pouvoit être regardé comme un titre inébranlable de filiation ?

C'est ce danger qui a frappé les regards du Ministère public. Il a senti qu'il n'y avoit point d'enfant qu'on ne pût dépouiller de son état, soit pour le dégrader, soit pour l'élever au rang le plus distingué, s'il suffisoit de faire comparoître, aux pieds des autels, deux enfans ministres innocens d'un imposteur qui les feroit parler à son gré. Il a proposé en conséquence d'arrêter par un Réglément provisoire, les suites funestes de ce danger, jusqu'à ce qu'il eût plu à VOTRE MAJESTÉ d'y pourvoir par sa puissance législative. Mais on n'a eu aucun égard à son réquisitoire.

Les indications relatives aux pere & mere, portées dans cet acte de baptême, sont devenues encore une nouvelle preuve de la supposition. Ces pere & mere sont désignés sous les noms d'*Etienne Rougemont*, *Officier*, *& de Jeanne Morel*, *sa femme*, *demeurans cul-de-sac Saint Pierre*. Le Suppliant a suivi ces indications ; il a cherché ces deux êtres, qu'on lui annonçoit être ses pere & mere. Il les a cherchés en vain. Il n'a pu découvrir aucune trace de leur existence, de leur famille, de leur fortune.

Il jouit de quelques rentes viageres. Mais c'est un sieur de Moncade qui les a fait constituer sur sa tête ; & si l'on veut l'entendre en déposition, si l'on veut interroger les Notaires qui ont passé les actes, ils diront tous que le prix de ces constitutions provient de la Dame Hatte, & qu'ils n'ont jamais connu ni vu *Etienne Rougemont & Jeanne Morel*. Enfin l'inexistence de ces prétendus pere & mere est aussi parfaitement prouvée, qu'un fait négatif peut l'être. Le Suppliant a fait compulser les regiſtres de la capitation ; & il rapporte un certificat du dépoſitaire de ces regiſtres, qui atteſte qu'on n'y trouve aucune indication d'*Etienne Rougemont*, *Officier*, & *de Jeanne Morel*, *demeurans cul-de-ſac Saint Pierre*.

Combien d'autres preuves de la ſuppoſition de cet acte de baptême ne ſe ſont pas encore réunies à celles qu'on vient de détailler ! En 1740, le Suppliant étant prêt à entrer dans le Régiment d'Aunis, depuis incorporé dans celui de Languedoc ; on l'annonça comme neveu du ſieur *de la Bourgonniere*, *Major de la Citadelle de Marſeille*, afin de lui donner du moins par-là, quelques relations apparentes de parenté. Ce fait eſt prouvé par pluſieurs lettres de cet Officier, dans leſquelles il donnoit au Suppliant la qualité de ſon *neveu*. Mais la ſuppoſition de cette qualité eſt eu même tems prouvée par un acte de notoriété de tous les parens de cet Officier, qui ſont domiciliés en Bretagne : ils atteſtent qu'ils n'ont jamais eu de parens du nom de Rougemont, & que c'eſt *à la ſollicitation d'un riche Financier*, *que le ſieur de la Bourgonniere s'eſt prêté à cette ſuppoſition.*

D'un autre côté, à peine le Suppliant ſe vit-il admis dans le Régiment d'Aunis, qu'on entendit retentir de toute part, que ſon véritable état n'étoit pas celui ſous lequel il paroiſſoit. Ses camarades voulurent connoître cet état qu'on déguiſoit. Ils firent des recherches : ils l'obligerent à en faire lui-même. Il en fit, mais d'inutiles. On l'inquiéta * plus d'une fois à ce ſujet, & *au défaut de preuves ſur ſa naiſſance qu'il ne put alors*

* Certificats produits.

parvenir à trouver, il a obtenu qu'on lui rendît *justice
à tous égards*, par sa conduite estimable dans ces différentes situations ; & le Régiment demeura persuadé, &
l'a toujours été, que le vrai nom du Suppliant n'étoit pas
Rougemont *. C'est le témoignage qu'ont bien voulu
lui donner les principaux Officiers du Corps auquel il
avoit l'honneur d'appartenir, avant qu'il eût plu à
VOTRE MAJESTÉ de le nommer à la Lieutenance du
Gouvernement de Belle-Isle.

    Quel est donc l'état du Suppliant ? On ne peut le
fixer à celui qui lui a été attribué durant le cours des
vingt premieres années de sa vie. Depuis vingt-cinq
ans on le lui a fait abdiquer pour en prendre un autre.
Cet autre état n'est pas plus le sien. Un acte de baptême paroît l'appuyer ; mais c'est un acte informe ;
mais la maniere dont on le lui a fait adopter est encore
plus informe : mais ce n'est qu'après une possession de
noms de baptême & de famille contraires qu'on le lui
a appliqué ; mais on auroit pu lui supposer tels autres
pere & mere qu'on auroit voulu ; mais tout prouve
enfin que ces prétendus pere & mere n'ont jamais
existé.

    Cependant, si le Suppliant n'est ni *Marie-Joseph-
Jean-Baptiste Corrigé de la Riviere*, ni *Charles-Joseph
de Rougemont*, qu'est-il donc ? N'a-t-il plus d'autres
ressources que d'errer au milieu de la société, & d'accu-
ser la nature de lui avoir donné l'existence ?

    Les Juges n'ont pu croire que l'état apparent dans
lequel est encore le Suppliant fût le sien : ils n'ont pu
imaginer qu'il eût plus de droit à celui dans lequel il
avoit passé les vingt premieres années de sa vie : ils n'ont

pu

* Certificats
des Colonels.

pu voir en lui & dans ces ces deux états fucceffifs & contradictoires qu'une privation abfolue d'état. Ils l'ont
donc réellement condamné à n'en avoir aucun, en re-
jettant la preuve qu'il offroit de faire de celui qui lui
appartient. Ils l'ont réduit à l'extrêmité affreufe de ne
pouvoir réclamer dans la nature entiere ni pere ni
mere, ni parens, & à exifter dans la fociété fans
pouvoir s'appuyer d'aucuns des liens qui la forment &
qui la perpétuent.

Un tel jugement ne peut pas fubfifter, parce qu'il
eft impoffible que dans un Etat policé & fous des Loix
bienfaifantes, un être quelconque foit privé du droit
de chercher fon état, & d'en faire, s'il le peut, la preuve.

Il eft poffible, fi l'on veut, que la preuve que le
Suppliant auroit faite, fe fût trouvée infuffifante. Mais
il falloit du moins lui permettre de faire cette preuve.
La lui avoir interdite, c'eft l'avoir exactement condamné à n'avoir pas d'état, lorfqu'il eft certain qu'il
en a un, & lorfqu'il eft poffible qu'il le découvre.

Ce n'eft pas là un fimple mal-jugé ; c'eft même plus
que ce qu'on appelle l'*injuftice évidente* ; c'eft une contravention formelle, comme le Suppliant l'a déja obfer-
vé, au droit naturel, au droit des gens & à toutes les Loix
divines, civiles & politiques. Tant que ces Loix gou-
verneront les hommes, il fera impoffible de concevoir
qu'un enfant qui a été dépouillé de fon état, fe foit préfenté en vain à la Juftice, lorfqu'il ne demandoit que
d'être admis à la preuve de cet état.

Le fecond moyen de caffation confifte dans une

contravention précise & littérale à la Loi Romaine : *pater est quem justæ nuptiæ esse demonstrant.*

En général les Loix Romaines ne font pas univerfellement les Loix du Royaume ; elles n'ont ce caractere que pour les Provinces auxquelles nos Souverains ont permis de fe régir par le Droit écrit. Mais il y a plufieurs de ces Loix qui font adoptées dans tout le Royaume, & qui y jouiffent de la même autorité que nos Ordonnances. La raifon naturelle qui les a dictées, leur a en quelque forte communiqué fon pouvoir. Elles ont même cela au-deffus de toutes les autres Loix, qu'au lieu que celles-ci ont une autorité circonfcrite & limitée, celles-là n'ont point de bornes & qu'elles s'étendent dans tous les lieux que la raifon éclaire.

La regle, *pater est quem justæ nuptiæ esse demonstrant,* eft du nombre de ces Loix. « Elle porte, dit M. d'A- » *Tom. 1, pag. 541 & fuiv.* » gueffeau*, un caractere que tous les Docteurs & tous » les Arrêts ont toujours refpecté. C'eft le feul principe, » dit-il ailleurs*, qui puiffe affurer l'état des hommes ». *Ibid.* Toutes les nations policées l'ont adoptée ; & fi l'on fouffroit qu'on s'en écartât, *on donneroit atteinte,* comme dit encore le même Magiftrat, *aux fondemens de la société civile.* Il ne peut pas être douteux dès-lors, que la contravention à cette Loi, ne foit auffi repréhenfible que la contravention aux Ordonnances du Royaume, & qu'elle ne foit par conféquent un moyen de caffation.

Cette contravention exifte-t-elle réellement dans l'Arrêt que le Suppliant attaque ? Voilà le feul point problématique ; & il ceffera de l'être, fi l'on prouve que la maternité de la Dame Hatte étoit conftante , & que le Suppliant étoit né d'elle, pendant le cours de fon mariage avec le fieur Hatte ; il s'enfuivra en effet qu'on devoit reconnoître le Suppliant enfant légitime des Sieur & Dame Hatte, en conféquence de la préfomption légale, que le pere de l'enfant eft le mari de celle qui le met au monde.

La preuve de la maternité embraffe ordinairement le fait de la groffeffe , celui de l'accouchement & celui de l'identité de l'enfant qui réclame fon état, avec celui dont la mere eft accouchée. Or le Suppliant fe foumettoit à prouver ces trois faits : mais, indépendamment de l'offre qu'il faifoit, de faire cette preuve, il établiffoit d'avance la maternité par des preuves déja acquifes.

La premiere de ces preuves étoit la reconnoiffance de la mere.

Nous ne parlons pas de fa déclaration judiciaire, faite fur l'affignation qui lui a été donnée, quoique les Loix décident que ces déclarations font reçues, *etiam matris profeffio filiorum recipitur*, *L.* 16, *ff. de prob.* quoique M. d'Agueffeau ait dit d'après ces Loix, « que la Jurif-» prudence avoit établi ce principe général, auffi con-» venable à l'équité naturelle, qu'à l'utilité de la fociété » civile, qu'un pere & une mere peuvent bien affurer » par leur fuffrage l'état de leurs enfans, mais qu'ils ne » peuvent jamais le détruire*». Le Parlement a pu penfer que cette déclaration ne fuffifoit pas pour rendre certain de la maternité, & dès-lors il n'y auroit à lui reprocher que de s'être trompé , que d'avoir mal jugé. Mais les révolutions de cette Caufe avoient fait éclore des déclarations d'un bien plus grand poids , & aux-

* Plaid 34, pag. 185.

quelles il étoit impoſſible de refuſer d'ajouter foi, ſans contrevenir à la diſpoſition de l'Ordonnance.

Le ſieur Cathelin, Curé de la Madeleine, avoit été appellé par le ſieur Hatte, pere, dans ſa maladie pour le confeſſer. La Dame Hatte, comptant ſur le zele de ce Paſteur, eut auſſi recours à lui, & elle l'engagea à devenir un médiateur entre elle, ſon mari & le Suppliant. Cette négociation donna lieu à quelques lettres de part & d'autre; elle finit avec la maladie, ou du moins très-peu de tems après la maladie du ſieur Hatte : mais le tems qui s'étoit écoulé depuis, juſqu'au moment de la réclamation du Suppliant, en avoit fait perdre entierement le ſouvenir à la Dame Hatte. La Dame de Vieuxmaiſons inſtruite, on ne ſait comment, de cette négociation, imaginant qu'il en pouvoit reſter des traces qui lui ſeroient utiles, obtint du ſieur Cathelin la communication de ces lettres, parmi leſquelles elle en choiſit une, en date du 11 Août 1759, pour la rendre publique.

Cette lettre en indiquoit d'autres; le Suppliant crut de ſon côté pouvoir demander la communication de toutes celles qui ſe trouvoient être reſtées entre les mains du Curé. Cette communication lui fut donnée, & quelle lumiere ne dût-elle pas répandre ſur le fait qu'il s'agiſſoit d'éclaircir?

Dans une de ces lettres du 29 Août 1759, la Dame Hatte écrivoit à ce Curé, à ce Confeſſeur de ſon mari : *Je vois qu'il ne me reſte de reſſource que de gémir, juſqu'au dernier ſoupir de ma vie, ſur le bandeau qui aveugle M. Hatte, & qui lui fait tenir captive une vérité, dont l'aveu le feroit périr.*

Dans une autre du 24 Décembre de la même année, elle lui avoit écrit : *Vous m'avez dit, en préfence
de M. du Sellier, que tout avoit retenti dans la maifon
de M. Hatte, dans les derniers momens de fa vie, que
M. de Rougemont, mon fils, étoit à la porte, & qu'il
attendoit le moment que je le préfentaffe à fon pere. Je ne
difconviendrai pas avec vous que M. de Rougemont étoit
aux environs de la maifon par mes ordres, pour attendre
le moment d'être préfenté à fon pere. Comme M. Hatte
m'avoit promis dans tous les tems qu'il lui auroit rendu
juftice de fon vivant, fi je voulois le laiffer maître du
moment, je n'ai pas douté, Monfieur, lorfque vous vous
êtes donné la peine de venir me chercher de fa part à
Chatou, qu'il ne voulût effectuer fa promeffe ; mais pro-
bablement les précautions ayant été multipliées, après les
Sacremens reçus, pour m'empêcher de rentrer dans fa
chambre, je n'ai pu lui rappeller fes promeffes, ni lui
préfenter fon fils, ainfi que vous le favez bien.*

On ne pouvoit pas certainement defirer une preuve
plus complette de la maternité. 1º. La Dame Hatte
avouoit au Confeffeur de fon mari qu'elle étoit la *mere
du Suppliant*; elle appelloit le Suppliant fon *fils*, elle
nommoit le fieur Hatte fon *pere*. 2º. Ces lettres con-
tenoient encore la preuve d'un fait que le Suppliant
n'avoit fait jufques-là qu'articuler, & qui devoit être,
aux yeux de tout efprit raifonnable, du plus grand
poids ; c'eft que la Dame Hatte, flattée mille fois par
fon mari de l'efpoir qu'il reconnoîtroit fon fils, avoit
voulu prévenir les derniers momens de fa vie, pour
l'engager à exécuter fes promeffes ; qu'en conféquence
le Suppliant s'étoit rendu, *de fon ordre*, aux environs.

de la maifon, pour attendre le moment d'être préfenté à fon pere ; mais que ce projet avoit échoué, parce qu'on avoit empêché la Dame Hatte de rentrer dans la chambre de fon mari, après l'adminiftration des Sacremens.

Que pouvoit-on defirer de plus ? Une mere qui ouvre fon ame à un Miniftre de l'Eglife, au Confeffeur de fon mari, peut-elle être fufpecte ! Une mere qui veut, qui s'efforce de préfenter fon fils à fon mari, qui choifit pour cette reconnoiffance les momens où elle fent que la vérité & la juftice doivent parler feules au cœur de fon époux, qui dépofe dans le fein de la Religion même fes malheurs & fes plaintes, peut-elle être foupçonnée de vouloir en impofer, & de n'être que le complice d'un vil ufurpateur ? Non, il eft impoffible qu'à la vue de ces faits, quelqu'un fe foit permis de douter que la Dame Hatte ne fût la mere du Suppliant. Vingt témoins qui auroient dépofé unanimement de fa groffeffe & de fon accouchement, n'auroient pas rendu cette vérité plus certaine.

Mais ce qui devoit fur-tout la porter jufqu'à l'évidence, c'étoit la maniere dont tous ces faits s'étoient découverts. Ils fembloient enfevelis dans l'oubli ; la Dame Hatte en avoit perdu le fouvenir, & c'étoit la Dame de Vieuxmaifons elle-même qui avoit fait fortir tous ces traits de lumiere ; c'étoit elle qui avoit pénétré le fecret du Curé de la Madeleine, & qui avoit obtenu de lui la communication de ces lettres. On ne pouvoit plus dès ce moment fufpecter de tels faits ; on ne pouvoit pas craindre qu'ils euffent été imaginés & préparés pour la Caufe.

Cette circonſtance même leur imprimoit le caractere d'une preuve légale. En effet, l'art. 14 du tit. 20 de l'Ordonnance de 1667, après avoir dit que *ſi les regiſtres de baptême ſont perdus, ou qu'il n'y en ait jamais eu, la preuve ſera reçue, tant par titres, que par témoins*, ajoute : *en l'un & l'autre cas les baptêmes pourront être juſtifiés, tant par les regiſtres ou papiers domeſtiques des pere & mere décédés, que par témoins.*

Voilà donc *les papiers ou regiſtres domeſtiques des pere & mere décédés*, mis par la Loi même au rang des preuves de l'état, au défaut des regiſtres publics ; & ſi l'Ordonnance veut, pour que ces papiers domeſtiques deviennent une preuve, que les *pere & mere* ſoient *décédés*, ce n'eſt évidemment que pour conſtater la date de ces papiers domeſtiques, & pour s'aſſurer s'ils n'ont pas été fabriqués à deſſein de favoriſer une impoſture. Or les circonſtances qui ont accompagné la production des lettres écrites par la Dame Hatte au Curé de la Madeleine, leur donnoient le même poids, que ſi la Dame Hatte eût été décédée. On ne pouvoit en méconnoître la date ; elle étoit atteſtée par le Curé de la Madeleine. On ne pouvoit pas ſuppoſer qu'elles euſſent été faites pour la Cauſe. La Dame Hatte ne s'en étoit plus reſſouvenue, & elles ſeroient conſtamment demeurées dans l'oubli, ſi la Dame de Vieuxmaiſons ne les avoit pas produites elle-même. Ces lettres formoient donc une preuve légale de la maternité. Cette conſéquence eſt ſans réplique.

A cette premiere preuve s'en joignoit une au-

tre, non moins concluante ; elle réfultoit du fuffrage prefque unanime de tous les parens paternels, & de celui de la plus grande partie des parens
maternels.

Il étoit notoire, & il l'eft encore, que depuis
la réclamation du Suppliant, il n'a pas ceffé un
feul inftant d'être accueilli par toutes les perfonnes
qui compofent ces deux familles. Toutes l'ont reçu
comme leur parent, l'ont invité à des repas, lui
ont rendu des vifites *. Plufieurs lui ont rappellé
mille particularités relatives à fa naiffance. Ce fut le
fieur Meynaud, Confeiller de Grand'Chambre,
qui fut porter à la Dame Hatte & au Suppliant la
nouvelle que les conclufions du Miniftere public aux
Requêtes du Palais, lui étoient favorables. Le fieur
de Chevigné, Confeiller en la même Chambre,
follicitoit publiquement pour fon neveu : il en-
voya à la Dame Hatte le jour de l'Arrêt une carte
écrite de la main de fon fils, pour lui faire part des
conclufions données en fa faveur par le fieur Séguier à
la Grand'Chambre. Le même jour ce même Magiftrat
prit encore la peine de venir, ainfi que la Dame fon
époufe, fon fils, Confeiller au Parlement, & fa fille,
effuyer les larmes du Suppliant & de la Dame Hatte,
& il protefta devant plus de quinze perfonnes, qu'il
regarderoit toujours le Suppliant comme fon neveu.
Tous les autres parens font venus de même témoigner
au Suppliant la part qu'ils prenoient à la jufte douleur
dans laquelle l'a plongé l'Arrêt qu'il attaque. Ces faits
font notoires ; en tout cas le Suppliant offre d'en faire
la preuve.

Mais

* Leurs billets
d'invitation
font produits.

Mais voici fur ce même point quelque chofe de plus. Ce font des preuves écrites du vœu de cette famille, & de la perfuafion où elle eft, que le Suppliant eſt le fils des Sieur & Dame Hatte. Il rapporte des lettres de quelques-uns de ces mêmes parens, & de plufieurs autres, qui étoient abfens, lorfqu'il leur a écrit. Dans l'une, l'Abbé de Chevigné, Grand-Vicaire du Diocèfe de Séez, appelle la Dame Hatte *fa mere*. Dans une autre, le fieur de Ravanne, Capitaine de Cavalerie, l'appelle fon *cher coufin*. La Dame de Ravanne l'affure, dans une autre, que *fes fentimens d'amitié font les mêmes, pour la mere & pour le fils*. Dans toutes celles enfin qui ont été écrites avant le Jugement, chaque parent *forme des vœux en fa faveur*, lui fouhaite *le fuccès le plus complet*, l'affure que *ce fuccès ne peut que flatter toute la famille*, que *la fucceffion de M. Hatte paroît lui être bien légitimement due*, lui fait efpérer *que MM. de Vauvray & de Vieuxmaifons fe rendront à l'évidence*, lui protefte enfin, que *fi la réuffite de fon affaire dépendoit d'eux, il feroit bientôt content* *.

L'Arrêt qui a rejetté la demande du Suppliant, n'a point affoibli, comme on l'a déja dit, ce zele & ces fentimens de fa famille. On en a encore une preuve acquife par rapport à plufieurs de ces parens, dans feize lettres qui feront jointes à la préfente Requête, & qui font autant de nouvelles reconnoiffances de l'état du Suppliant. Plufieurs de ces parens l'affurent que, *malgré la décifion du Parlement, ils fe feront toujours gloire & honneur de lui appartenir* *.

D

Quels témoins feront donc dignes déformais de la confiance de la Juftice, si le fuffrage unanime de toute une famille ne fuffit pas ; si des parens recommandables par leurs places, par leurs dignités, par leurs qualités perfonnelles, ne font pas crus? Avant & depuis cet Arrêt, cette famille a reconnu & reconnoît dans le Suppliant, le fils des Sieur & Dame Hatte, un parent qu'ils aiment & qu'ils honorent. C'eft le cri de la vérité ; il n'y aura jamais de preuve juridique auffi forte.

On pourroit joindre à tant de témoignages, celui même des fœurs du Suppliant, qui ont été fes feules Adverfaires. Toute leur plaidoierie, aux Requêtes du Palais, n'a été qu'un aveu continuel de la maternité ; le Suppliant avoit demandé acte par une Requête précife de ces aveux. L'appointement prononcé par les premiers Juges, a fait qu'on n'a pas prononcé fur cette demande ; mais les aveux fubfiftent : ils font certains : ils ont été entendus d'une foule nombreufe de perfonnes qui affiftoient aux plaidoieries.

La maternité de la Dame Hatte n'a donc pas été révoquée en doute. Il étoit impoffible de ne la pas reconnoître, au milieu de tant de preuves qui la manifeftoient. Mais qu'eft-il arrivé ? Les préventions, les préjugés, les préoccupations, une crédulité injufte, ont terni cette vérité. On s'eft laiffé perfuader que cette maternité étoit illégitime ; on a voulu être plus fage que la Loi même ; & lorfqu'elle ordonnoit de reconnoître le pere de l'enfant dans le mari de la mere, on s'eft permis de croire & de juger que cet enfant pouvoit avoir eu un autre pere.

S'eft-on fondé, pour juger ainfi, fur quelqu'une des

exceptions que la Loi a elle-même reconnu devoir être faites à cette regle générale ? Qu'il soit permis encore au Suppliant de citer ici M. d'Aguesseau, parlant avec la Loi même * :

    « On ne peut trouver que deux exceptions à la re- » gle générale, fondées toutes deux sur une impossibilité » physique & certaine. Elles sont proposées dans la » Loi qui définit ce que c'est qu'un fils légitime. *Fi- » lium definimus qui ex viro & uxore ejus nascitur ; sed » si fingamus abfuisse maritum , verbi gratiâ, per decen- » nium , vel si eâ valetudine fuit ut generare non possit , » hunc filium non esse.* L. 6 , ff. *de his qui sui vel alieni » Juris sunt.* Il n'y a donc que deux preuves contraires, » qui puissent être opposées à une présomption si fa- » vorable. La longue absence du mari ; & même nous » pouvons ajouter, conformément à l'esprit de la Loi, » qu'il faut que cette absence soit certaine & conti- » nuelle. L'impuissance, ou perpétuelle ou passagere , » est la deuxieme. LA LOI N'EN ÉCOUTE PAS D'AUTRE, » ET IL EST ÉVIDENT QU'IL EST MÊME IMPOSSIBLE D'EN » FEINDRE D'AUTRE , puisque tant que l'absence, ni » aucun obstacle, n'aura point séparé ceux que le ma- » riage unit , on ne présumera jamais que le mari ne » soit pas le véritable pere.

    » La Loi ne présume jamais le crime, ajoute ailleurs » ce grand Magistrat*. Toujours favorable à l'innocence, » quand un même effet peut avoir deux causes , l'une » injuste , l'autre juste & légitime , elle rejette abso- » lument la premiere , pour s'attacher uniquement à » la derniere. Ainsi, quoiqu'il puisse arriver qu'un en-

* Tom. 2 , p. 541.

* Tom. 3 , p. 180 in fine.

D ij

» fant conçu dans le tems du mariage, foit redevable de la
» vie au feul crime de fa mere, cependant, parce qu'il
» peut fe faire auſſi qu'il ne la doive qu'à l'union hono-
» rable d'une femme avec fon mari, on préfume toujours
» que la mere eſt innocente, & le fils légitime, juf-
» qu'à ce que le contraire foit démontré par des preu-
» ves évidentes. Il ne fuffit pas même de prouver l'in-
» fidélité de la mere, pour en conclure que le fils eſt
» illégitime : la Loi s'oppofe à cette conféquence in-
» jufte, & elle fe déclare en faveur du fils, par ces pa-
» roles fameufes, fi fouvent citées dans ces matieres :
» *cùm poſſit & illa adultera eſſe & impubes defunctum*
» *habuiſſe. L. 11, §. 9, ff. ad L. Juli. de adult.* »

Le Parlement confacra lui-même ces principes, &
il adopta les conclufions de M. d'Aguefleau, dans les
différentes Caufes où ce Magiftrat eut occafion de les
établir. Les Tribunaux de toutes les Provinces du
Royaume, les ont pareillement adoptés dans tous les
tems ; & rien n'eſt plus folemnellement & plus foli-
dement établi que cette regle de paternité, ainfi que
les deux exceptions que la Loi y a mifes elle-même.

Dans la Caufe du Suppliant, aucune de ces deux
exceptions n'a été oppofée par fes Adverfaires. La naiffance de deux filles, pendant le mariage, écartoit in-
vinciblement l'une ; & il étoit certain d'ailleurs, qu'à
l'époque de la naiffance du Suppliant, aucun inter-
valle de lieux ne féparoit les deux époux. Il eſt encore
demeuré pour conftant dans la Caufe, que, malgré la
féparation d'habitation volontaire des Sieur & Dame
Hatte, ils fe voyoient & fe fréquentoient. Ce fait a
été prouvé par plufieurs lettres du fieur Hatte & de

fon époufe , qui feront jointes à la préfente Requête *.

Or, puifque d'un côté la maternité étoit confante & démontrée, puifque d'un autre côté on ne pouvoit alléguer aucune des exceptions autorifées par la Loi, on ne pouvoit donc plus héfiter à reconnoître pour le pere de l'enfant, le mari de la mere, conformément à la Loi *pater eft quem juftæ nuptiæ effe demonftrant.* Le Parlement a prononcé le contraire. On lui demandoit de reconnoître & de déclarer le Suppliant fils légitime des Sieur & Dame Hatte, & fubfidiairement on offroit d'ajouter aux preuves acquifes, une preuve teftimoniale de la maternité. Il a déclaré le Suppliant non - recevable dans fa demande ; il a donc jugé par là, que le Suppliant pouvoit être fils de la Dame Hatte, fans être le fils du fieur Hatte. Il a donc jugé expreffément contre la Loi.

Dira-t-on qu'il a jugé que la maternité n'étoit pas certaine ? Mais il eft impoffible de le fuppofer. Les Juges n'ont pu douter d'une maternité qui avoit été avouée par les Adverfaires du Suppliant dans le premier Tribunal. Comment d'ailleurs auroient-ils pu prendre le change fur ce fait, lorfqu'ils voyoient dans des lettres écrites par la Dame Hatte, au Confeffeur de fon mari, cinq années avant la conteftation, cette mere nommer le Suppliant fon fils ; lorfque la Dame Hatte réitéroit cet aveu à la face de la Juftice ; lorfque vingt parens plus diftingués les uns que les autres confirmoient ces aveux par leurs relations avec le Suppliant ? Tous ces témoignages formoient une preuve juridique & complette. On ne pouvoit du moins refuſer d'y voir un *commencement de preuve*, plus que ſuffiſant pour admettre à la preuve teſtimoniale.

On peut même aller plus loin ; & de quelque maniere qu'on enviſage à cet égard l'Arrêt, ſoit dans le fait, ſoit dans le droit, il eſt également en contravention à la Loi, & par conſéquent ſuſceptible de caſſation.

En effet, ou l'on a jugé que la maternité n'étoit pas prouvée, ou l'on a jugé que la preuve de la maternité n'emportoit pas la preuve de la paternité.

Si l'on a jugé que la maternité n'étoit pas prouvée, on a contrevenu à l'Ordonnance, parce qu'au défaut des Regiſtres publics, elle admet, comme preuve de l'état, *les regiſtres & papiers domeſtiques*, & que dans l'eſpece de la Cauſe, les deux lettres écrites par la Dame Hatte en Août & Décembre 1759, au Curé de la Madeleine, étoient de vrais *papiers domeſtiques*, & les papiers domeſtiques les plus authentiques.

Mais, ſi au contraire on n'a pas pu refuſer de croire une maternité, que tout rendoit évidente, alors, refuſant de reconnoître le Suppliant pour fils légitime des Sieur & Dame Hatte, on a néceſſairement contrevenu à la Loi *pater eſt*, qui eſt la Loi du Royaume, qui eſt la Loi de tous les pays, & qui ſera éternellement la Loi de tous les hommes, parce qu'elle eſt le fondement unique de la légitimité, & parce qu'elle eſt la ſeule ſauvegarde des enfans, contre l'injuſtice & les paſſions de leurs peres & meres.

Juſqu'à nos jours cette Loi fut toujours reſpectée, & l'on ne trouveroit pas dans les annales de la Juriſprudence, un ſeul Arrêt qui y fût contrevenu. Les *Toquelin*, les *Bonneval*, les *Tourville*, les *Viraẑel*, les

dante à faire preuve par témoins de l'état qui lui avoit été ravi. On l'a déclaré *non-recevable dans l'une & l'autre demande*.

Sur quoi peut être fondée une pareille forme de prononciation ?

Déclarer une Partie *non-recevable*, c'est juger qu'il y a des fins de non-recevoir qui écartent sa demande. Mais peut-il donc y avoir des fins de non-recevoir en matiere d'état ? Peut-il y en avoir contre une plainte en suppofition & en suppreffion d'état ?

Si l'état des hommes dépendoit d'eux, si chaque individu étoit le maître de se ranger à son gré dans telle famille qu'il lui plaît, on pourroit sans doute admettre des fins de non-recevoir contre ceux qui, après s'être fixés à un état, en réclameroient un autre. Encore feroit-il abfurde de prétendre oppofer ces fins de non-recevoir à celui qui, comme le Suppliant, n'auroit vécu dans un état étranger que par erreur & parce qu'on lui auroit caché celui qui lui appartenoit. Mais l'état de chaque enfant n'eft point ainfi dans le commerce. C'eft un bien d'une claffe privilégiée ; il ne dépend ni de lui, ni même de ceux de qui il le tient ; il eft fous la protection fpéciale de la Loi ; il eft à la fociété civile, plus qu'à l'enfant même ; il eft en quelque forte la chofe publique, facrée & inaliénable comme elle. C'eft ce qui fait dire à la Loi 19, §. 1, *ff. ad leg. Corn. de falfis : Accufatio fuppofiti partús, nullâ temporis præfcriptione depellitur*. Loi jufte & qui mérite encore d'être regardée comme la Loi du Royaume. Tous les Tribunaux s'y font conformés dans tous les tems ; & l'on citeroit,

s'il *

s'il en étoit befoin, une foule d'Arrêts qui ont confirmé cette maxime dans les queftions d'état.

On ne peut alléguer qu'un feul prétexte contre cette nouvelle contravention à la Loi. On pourra dire que le Parlement a jugé que le Suppliant ayant un état, il n'étoit pas recevable à en réclamer un autre.

Nous avons déja prouvé que le Suppliant eft réellement fans état, & que celui qu'on lui avoit fait adopter en 1740 n'eft pas plus le fien que celui qu'on lui avoit donné auparavant. Mais quand on auroit pu n'être pas frappé de l'évidence de ces preuves, ce n'étoit pas une raifon, pour déclarer le Suppliant non-recevable. La plus longue poffeffion d'un état contraire à l'état qu'on reclame, ne peut pas être une barriere contre l'enfant : *nullâ temporis præfcriptione.* L'ordre public, qui confifte effentiellement à maintenir chacun dans fon état, réclame fans ceffe en faveur de celui que l'injuftice de fes pere & mere a dépouillé du fien : *perpetuò clamat.* C'eft donc avoir contrevenu aux Loix inviolables de l'ordre public, que d'avoir admis des fins de non-recevoir dans une matiere qui n'en admet aucune , que d'avoir déclaré le Suppliant non-recevable à prouver le crime dont il étoit la victime.

Objecteroit-on encore contre ce moyen de caffation, qu'il exiftoit un acte de baptême que le Suppliant avoit adopté, que le Parlement ayant jugé que c'étoit le fien, n'a pas dû admettre la preuve teftimoniale contre cet acte, ou qu'en tout cas on ne peut lui imputer à ce fujet qu'un mal-jugé ? Les réponfes fe préfentent en foule.

1°. Il eft impoffible que le Parlement ait penfé que

l'acte de baptême de 1720 fût celui du Suppliant. On a déja discuté cet acte. Informe en lui-même, il a été appliqué au Suppliant d'une maniere encore plus informe : il indique des pere & mere qui n'ont jamais existé ; il est évidemment l'ouvrage de la fausseté & de la supposition, parce qu'un homme qui avoit eu pendant vingt années de sa vie l'état de *Marie-Joseph-Jean-Baptiste Corrigé de la Riviere*, n'a pas pu devenir tout à coup *Charles-Joseph de Rougemont*, en se laissant appliquer sans aucune forme, sans aucune preuve, un acte de baptême contraire à cet état.

2°. L'adoption prétendue faite par le Suppliant de cet acte de baptême, ne pouvoit pas lui donner plus de poids qu'il n'en a par lui-même, & le Parlement n'a pu admettre la fin de non-recevoir qu'on essayoit de faire résulter des actes, dans lesquels le Suppliant avoit pris les noms de cet acte de baptême, sans contrevenir au droit public du Royaume. Personne, comme on l'a déja dit, ne peut choisir, se donner, s'approprier un état. On ne peut acquérir par prescription un état auquel on n'a pas de droit. On ne peut point perdre par la prescription l'état dans lequel on est né. Voilà les maximes publiques & sacrées, sur la foi desquelles les familles & toute la société civile reposent.

3°. Pour qu'on eût pu opposer au Suppliant cette prétendue adoption, il faudroit au moins qu'elle eût été volontaire : mais le contraire est démontré. On lui a dit à l'âge de vingt ans que ses vrais noms n'étoient pas ceux qu'il avoit portés jusques-là, qu'il s'appelloit *Charles-Joseph de Rougemont*, & qu'un acte de baptême conçu sous ce nom étoit le sien. On le trompoit : mais comme rien ne pouvoit le défendre de cette erreur, il s'y eſt laiſſé entraîner. Bientôt, ſes recherches ſur l'exiſtence de ſes prétendus pere & mere, celles de ſon Régiment, les tracaſſeries qu'il eſſuya à ce ſujet, lui perſuaderent que ce nouvel état étoit, comme le premier, l'ouvrage de la ſuppoſition. Mais que put-il faire alors ? Prendre ſon véritable nom ? Il l'ignoroit. En prendre un troiſieme différent des deux premiers ? On lui auroit également oppoſé l'adoption de ce dernier état. Ce n'eſt qu'en 1757, qu'il a commencé à acquérir quelque lumiere ſur une vérité ſi intéreſſante pour lui. Pluſieurs années ſe ſont écoulées dans la recherche des éclairciſſemens dont il avoit beſoin pour intenter ſon action ; & les Miniſtres de VOTRE MAJESTÉ peuvent ſe rappeller, combien ils furent importunés pour les congés que le Suppliant fut obligé, depuis cette époque, de ſolliciter, afin de pouvoir ſe livrer tout entier à la recherche de ſes preuves.

Si le Parlement a conſacré par ſon Arrêt cette fin de non-recevoir, c'eſt donc de ſa part une nouvelle contravention aux Loix. Il auroit même renverſé par-là ſa propre Juriſprudence. Elle fournit mille exemples * de réclamans, qui, après la plus longue poſſeſſion d'un état étranger, ont été reſtitués à leur véritable état.

Ce n'eſt pas là un ſimple mal-jugé ; c'eſt une contravention à l'ordre public, à l'intérêt de toute la ſociété civile, & à l'économie politique de la Juſtice, dont le principal objet eſt d'aſſurer la vindicte publique & d'empêcher que les crimes ne demeurent impunis. Si cet Arrêt ſubſiſtoit, les peres & meres, & tous ceux qui peuvent avoir intérêt de s'aſſocier à leurs crimes, ſeroient aſſurés de dépouiller irrévocablement de leur état, ceux de leurs enfans qu'ils voudroient ſacrifier à leur ambition , à leur avarice, à leur jalouſie. Ces enfans n'auroient plus de reſſource pour recouvrer le bien qu'on leur auroit ravi, & la ſociété ſe verroit ſurchargée d'une foule d'êtres jettés au haſard dans ſon ſein , & auxquels elle ne pourroit aſſigner ni rang ni état.

QUATRIEME MOYEN DE CASSATION. Mais examinons au fond ce jugement. Il eſt également vicieux & dans ce que les Juges ont fait, & dans ce qu'ils ont négligé de faire. Le fond eſt encore plus irrégulier que la forme.

C'eſt une queſtion agitée par les Docteurs, de ſçavoir ſi les Loix admettoient toujours la preuve teſtimoniale en matiere d'état. Quelques textes ſur leſquels les Commentateurs ont varié , ont donné lieu à pluſieurs de ces Docteurs de ſoutenir que cette preuve n'étoit autoriſée par le droit , que lorſqu'elle étoit ſoutenue de quelques indices & adminicules. Entre les textes qui ont ſervi à appuyer cette opinion , le plus fort eſt celui de la Loi 2, *Cod. de teſtibus : Si tibi controverſia ingenuitatis fiat , defende cauſam tuam inſtrumentis & argumentis quibus potes. Soli enim teſtes ad ingenuitatis probationem non ſufficiunt.* La Gloſe, Covarruvias, Godefroi, & beaucoup d'autres célebres Auteurs, interpretent autrement ces textes du droit. Mais l'intérêt du Suppliant ne l'oblige pas d'approfondir cette queſtion ; & quelque parti qu'on y puiſſe prendre, il eſt, pour le cas particulier dont il s'agit ici, des textes précis, qui ne laiſſent lieu ni au doute, ni aux interprétations

Les Loix ont prévu le cas de la fuppofition & de la fuppreffion d'état, & elles ont expreffément ordonné la preuve teftimoniale, comme le feul moyen de connoître la vérité, & de découvrir quel eft l'état qui a été fupprimé. « Si l'on a omis, dit la Loi 15, *cod. de lib. Caufâ*, de faire la profeffion natale (1), ou fi l'on a fuppofé dans l'acte de cette profeffion, un autre état que celui qui appartient à l'enfant, il faut, pour découvrir la vérité, recourir à tous les genres de preuves autorifées dans le Droit, *nec obmiffa profeffio probationem generis excludit, nec falfa fimulatio veritatem minuit ; itaque ad examinationem veri, omnis jure prodita probatio debet admitti* ».

Si toute efpece de preuve autorifée par le Droit, *omnis jure prodita probatio*, doit être admife dans le cas où l'on a fauffement déguifé l'état de l'enfant, *falfa fimulatio*, la preuve teftimoniale ne peut donc pas être refufée. C'eft même la feule preuve, qui puiffe avoir lieu dans ce cas, parce que ceux qui s'abandonnent au crime, n'ont garde d'en laiffer fubfifter des preuves écrites.

Cette Loi eft-elle la nôtre ? Y contrevenir, eft-ce contrevenir aux Loix du Royaume ? Eh ! qui pourroit en douter ? Une Loi qui n'a pour objet que la recherche de la vérité, qui ne tend qu'à fecourir l'innocent, & qu'à punir le crime, eft, par fa fageffe feule, la Loi de tous les êtres raifonnables, de toutes les nations policées. Elle eft la Loi univerfelle, parce qu'il ne peut pas y en avoir une contraire ; parce que, fi elle n'exif-

______

(1) C'étoit l'acte qui conftatoit la naiffance chez les Romains & qui équivaloit parmi eux aux actes baptiftaires adoptés parmi nous.

toit pas, il faudroit la faire ; parce qu'enfin , il n'y a pas d'autre moyen que celui qu'elle indique , pour rendre à l'enfant l'état qui lui a été ravi.

Mais les Ordonnances, loin d'être contraires à cette Loi, y sont abfolument conformes, & elles vont fournir elles-mêmes un nouveau moyen de caffation contre l'Arrêt.

L'art. 7 du tit. 20 de l'Ordonnance de 1667, porte que les *preuves de l'âge, des mariages & du tems du décès, feront reçues par des regiftres en bonne forme, qui feront foi & preuve en Juftice.* Cet article & le dixieme donnerent lieu au favant Magiftrat qui préfidoit alors au Parlement, de demander au fieur Puffort, *fi la foi du regiftre feroit telle que l'on ne pût recevoir, au contraire, aucune preuve par témoins.* Le fieur Puffort lui répondit *que l'on avoit cherché avec beaucoup de foin , tout ce qui pouvoit affurer la validité & la vérité des regiftres ; mais que toutes les précautions qu'on y avoit apportées , ne pouvoient pas empêcher que lorfqu'il y auroit des adminicules de preuves contraires , la preuve n'en pût être reçue ; mais qu'on n'avoit pas eftimé qu'il fût à propos d'en faire mention dans un article* *.

Tel fut auffi à peu près le langage du fieur Gilbert de Voifins , dans la Caufe célebre de la Demoifelle de Choifeul. Il y fit voir *que la preuve teftimoniale* étoit admife dans cette matiere ; qu'il n'étoit pas même néceffaire qu'elle fût appuyée d'un commencement de preuve par écrit, que les Ordonnances du Royaume étoient en cela conformes au Droit Romain , & qu'elles étoient parfaitement d'accord avec l'efprit de cette Loi Romaine , *defende Caufam tuam inftrumentis & argumentis quibus potes.*

* Proc. verb. de l'Ordon. de 1667.

Le Suppliant ne rappelle ces témoignages des plus grands Magiſtrats, que pour faire voir juſqu'à quel point tous les principes ont été ſacrifiés dans ſa Cauſe. Car quand on auroit pu adopter l'acte de baptême, appliqué au Suppliant, lorſqu'il entra en 1740, au ſervice de Votre Majeſté, quand on auroit pu le regarder comme le ſien, combien de circonſtances ſupérieures à des adminicules, devoient déterminer à admettre la preuve?

Mais venons à l'art. 14 de l'Ordonnance; c'eſt ici que le moyen de caſſation acheve de ſe développer. Cet article eſt conçu en ces termes: *Si les regiſtres ſont perdus, ou qu'il n'y en ait jamais eu, la preuve en ſera reçue, tant par titres que par témoins.*

Le cas où il n'y a jamais eu de regiſtres, eſt un cas générique, qui embraſſe à la fois, & le défaut abſolu des regiſtres dans une Paroiſſe, & le défaut d'acte de baptême, pour un tel homme en particulier. Car il n'y a pas de regiſtres pour celui qui n'a pas d'acte de baptême, ni pour celui qu'on a baptiſé ſous de faux noms: c'eſt ce qu'obſerva très-bien M. d'Agueſſeau * dans la Cauſe de Deſnotz. « L'Ordonnance, diſoit-il, » ne dit pas que la preuve ne ſoit admiſſible, qu'au » défaut des regiſtres. Quand même elle l'auroit dit, » on pourroit dire que nous ſommes aujourd'hui dans » le cas de l'Ordonnance, puiſqu'on articule, non pas » à la vérité, la perte des regiſtres, mais, ce qui revient » à la même choſe, qu'il n'y a pas eu de baptême ». Or, tel étoit exactement le cas où ſe trouvoit le Suppliant. La ſuppoſition prouvée de l'état qu'on lui a donné dans les premieres années de ſa vie, & la ſup-

pofition évidente de celui qu'on lui a fait enfuite em-
braffer, le réduifent à une impoffibilité phyfique de
favoir où il a été baptifé, & même s'il l'a été. Cette incertitude eft telle, qu'il fera obligé de fe faire baptifer
fous condition, & il auroit déja fatisfait à ce devoir
que la Religion lui impofe, fans la conteftation qui
s'eft élevée fur l'état fous lequel il fe propofoit de fe
faire baptifer. Il eft donc dans la même pofition que
s'il n'y avoit pas d'acte de baptême : il eft dans le cas
du défaut des regiftres. Il falloit donc, conformément
à l'Ordonnance, admettre la preuve teftimoniale, &
c'eft avoir contrevenu à cette Loi du Royaume, que
d'avoir rejetté celle qu'offroit le Suppliant.

CINQUIEME MOYEN DE CASSATION.

La même Ordonnance fournit encore au Suppliant
un autre moyen de caffation.

Après avoir défendu par l'art. 2 du tit. 20, d'admettre à la preuve *contre & outre le contenu aux actes* ;
elle ajoute dans l'art. 3, que cette preuve fera admife,
s'il y a des commencemens de preuve par écrit.

Les plus grands Magiftrats ont toujours foutenu
que la rigueur de ces difpofitions de l'Ordonnance,
devoit être reftreinte à la matiere des conventions (1); &
l'on a vu que lors du procès-verbal de cette Ordonnance, les fieurs de Lamoignon & Puffort conve-
noient que la *preuve teftimoniale devoit être admife contre les actes de baptêmes*, dès qu'il y avoit des *admini-*

(1) M. d'Agueffeau, tom. 2, pag. 45 & 511.
Feu M. Joli de Fleury, Journal des Audiences, tom. 6, liv. 1, chap. 33.
M. Gilbert de Voifins, Caufes célebres, Affaire de la Demoifelle de Choifeul.

cules

cules de preuves contraires, fans exiger qu'il y eût des commencemens de preuve par écrit.

Mais, quoi qu'on puiffe penfer de cette fage interpré- tation de l'Ordonnance, il eft évident qu'il y aura dans l'Arrêt, contravention littérale à la Loi, fi le Suppliant prouve qu'il rapportoit des *commencemens ae preuve par écrit*.

Or, voici ceux qu'il préfentoit à la Juftice.

1°. Il rapportoit, non un fimple *commencement de preuve*, mais une preuve par écrit complette, des trois fuppofitions d'état commifes dans fa perfonne. Ces fup- pofitions étoient prouvées par les regiftres du fieur Ceullin, Maître de Penfion, par ceux du Collége de la Marche, par le certificat de mœurs de 1733, par les trois infcriptions de philofophie, par les lettres du fieur de la Bourgonniere, & par l'acte de notoriété de toute la famille de ce dernier.

Il étoit donc prouvé qu'il y avoit eu fuppofition d'état. De-là réfultoit qu'il y avoit eu auffi fuppreffion d'état, car il n'y a pas de fuppofition d'un état, fans fuppreffion de l'état véritable. Que pouvoit-on defirer de plus, pour admettre la preuve offerte par le Sup- pliant ? Et n'eft-ce pas tout à la fois & l'injuftice la plus criante, & la contravention la plus repréhenfible à l'Ordonnance, que d'avoir refufé d'admettre la preuve offerte par le Suppliant ? C'eft l'avoir condamné à de- meurer la victime du crime commis au moment de fa naiffance, quoiqu'on eût fous les yeux la preuve ac- quife de ce crime. C'eft avoir jugé qu'il n'y a pas de commencement de preuve par écrit, fi fort qu'il foit, qui puisse servir à un enfant, pour se faire restituer l'état qu'on lui a ravi.

2°. Il avoit aussi un commencement de preuve par écrit (nous devrions dire preuve entiere, preuve complette) de l'état qui avoit été supprimé.

Le Suppliant rapportoit *un compte arrêté double* entre la Dame Hatte & le sieur de Moncade, le premier Mai 1753 , qui justifioit que c'étoit la Dame Hatte qui avoit pris soin dans tous les tems du Suppliant, qui avoit fourni à toutes ses dépenses, & qui avoit veillé à son éducation & à son avancement *. C'étoit au moins là un commencement de *preuve par écrit.*

Il rapportoit les lettres écrites par la Dame Hatte au Curé de la Madeleine, dans les derniers jours de la vie du sieur Hatte : Lettres produites par les Dames de Vauvray & de Vieuxmaisons , Lettres non suspectes ni mandiées, Lettres dont la date étoit devenue authentique entre les Parties , Lettres marquées au coin de la bonne foi & de la vérité. Dans ces Lettres la Dame Hatte appelloit le Suppliant *son fils*, & le sieur Hatte *son pere.* C'étoit au moins un *commencement de preuve par écrit.*

Il rapportoit enfin les Lettres d'un très-grand nombre de ses parens paternels & maternels, pleines des *vœux que toute sa famille faisoit pour le succès de sa Cause*, & dans nombre desquelles on lui donnoit les noms de *cousin* , de *neveu* , de *parent.* C'étoit au moins un *commencement de preuve par écrit.*

Cependant, sans égard pour tous ces commencemens de preuve, on à déclaré le Suppliant non-recevable dans ses demandes.

Pourra-t-on jamais trouver une contravention plus formelle à l'Ordonnance?

Ainsi le refus d'admettre le Suppliant à la preuve de son état, fournit à la fois quatre moyens différens de caſſation.

Contravention aux Loix Romaines, qui jouiſſent dans cette matiere, ſous l'autorité de Votre Majesté, du même empire que les Loix du Royaume.

Contravention aux Ordonnances, qui n'indiquent d'autre voie, pour la pourſuite & la découverte des crimes, que la preuve par témoins.

Contravention à l'Ordonnance de 1667, qui veut expreſſément que *la preuve par témoins ſoit reçue, quand les regiſtres ſont perdus, & quand il n'y en a jamais eu.*

Contravention enfin à cette Ordonnance, qui, dans la matiere même des conventions, dans laquelle la preuve teſtimoniale n'a pas lieu, admet néanmoins cette preuve *contre & outre le contenu aux actes, quand il y a commencement de preuve par écrit.*

Un nouveau moyen s'éleve contre cet Arrêt.

Le Suppliant a déja eu l'honneur d'expoſer à Votre Majesté, que le ſieur Séguier, Avocat-Général, avoit, en concluant à l'admiſſion de la preuve, rendu plainte d'office de la ſuppreſſion & de la ſuppoſition d'état commiſes dans la perſonne du Suppliant, & que ce Magiſtrat avoit demandé qu'il fût informé, à la pourſuite & diligence du Procureur-Général de Votre Majesté, contre les auteurs, complices & adhérans de ce double crime. Les Juges n'ont point écouté cette plainte, ils ont omis entierement d'y prononcer, ils n'ont pas même

Sixieme Moyen de Cassation.

F ij

vifé dans leur Arrêt ces conclufions d'office du Miniftère public. Ce font autant de nouvelles contraventions à l'Ordonnance ; mais pour en fentir la gravité, il faut examiner cet Arrêt dans la forme & au fond.

Dans la forme, l'art. 34 de l'Ordonnance de 1667, porte qu'il y aura ouverture de Requête Civile, *s'il a été omis de prononcer fur l'un des chefs de demande.* La plainte du Miniftère public, Partie dans la Caufe, étoit certainement *un chef de demande ;* donc il y a eu omiffion de prononcer fur un chef de demande ; donc il y auroit ouverture de Requête civile ; & les moyens de Requête civile fe convertiffant en moyens de caffation, lorfqu'ils fe réuniffent à d'autres contraventions, il fuit que l'Arrêt doit être caffé pour n'avoir pas ftatué fur la plainte du Miniftère public.

On ne peut objecter qu'une feule chofe : c'eft que par une difpofition générale de l'Arrêt, les Parties font mifes *hors de Cour* fur toutes les autres demandes. Mais la réponfe eft fimple ; ce *hors de Cour* ne peut tomber que fur les demandes vifées dans l'Arrêt. Or il n'eft pas même fait mention dans cet Arrêt, de la plainte du Miniftère public. Par conféquent on ne peut pas dire que le *hors de Cour* s'applique à cette plainte. D'ailleurs il eft fenfible que l'Arrêt n'a eu en vue dans cette difpofition que les demandes du Suppliant & non celles du Miniftère public ; fans cela l'Arrêt auroit prononcé, fuivant la forme ordinaire, *fans s'arrêter au requifitoire du Procureur-Général du Roi, &c.*

Enfin, quand on auroit pu même penfer que cette plainte n'étoit pas fondée, ce n'étoit pas une raifon pour la dévouer à un pareil oubli. Le zele du Miniftère public peut quelquefois sans doute s'égarer ; mais sa voix ne doit jamais être méprisée : il faut du moins le juger comme on jugeroit une Partie, puisqu'il est la Partie publique : il faut ou le débouter des ses demandes, ou les lui adjuger. C'est un vrai déni de Justice, c'est un outrage fait à son Ministère que de n'avoir pas même daigné prononcer sur ses conclusions.

Au fond, cet Arrêt contient une nouvelle contravention aux Ordonnances, plus grave encore & plus importante.

L'article 53 de l'Ordonnance d'Orléans *enjoint à tous Juges d'informer promptement & diligemment des crimes & délits qui feront venus à leur connoissance, sans même attendre la plainte des Parties intérressées, à peine de privation de leurs Charges, & de tous dépens, dommages & intérêts.*

L'Ordonnance de 1670, article 19, a renouvellé la même injonction.

Enjoignons à nos Procureurs de poursuivre incessamment ceux qui feront prévenus de crimes capitaux, ou auxquels il écherra peine afflictive, nonobstant toutes transactions & cessions de droits faites par les Parties.

Voilà le devoir des Juges. La Loi est impérieuse : & l'intérêt public, qui l'a dictée, concourt encore à en assurer l'exécution.

Mais ce devoir, cette loi, cet intérêt, tout a été sacrifié dans la Cause du Suppliant.

Il s'agissoit dans cette Cause d'un *crime grave*, d'un *crime* réellement *commis*, d'un *crime dénoncé* ; trois circonstances qui aggravent encore l'infraction faite aux Ordonnances, par le refus qu'ont fait les Juges d'admettre la plainte du Ministère public.

Il s'agissoit d'un *crime grave*. Le crime de suppression & de supposition d'état est du nombre de ceux contre lesquels les Loix ont prononcé la peine capitale. Dans la Cause de Saint-Geran, la nommée *Pigoreau* fut condamnée pour ce crime à être pendue. La même peine fut prononcée contre Arnoult Dutheil, connu sous le nom du faux *Martin Guerre*. Non-seulement c'est un crime capital, c'est encore un de ceux dont l'impunité seroit la plus fatale à la société civile.

Ce crime avoit été *commis* dans la personne du Suppliant. On en a vu les preuves. Elles sont au-dessus de toute contradiction. L'état de *Marie-Joseph-Jean-Baptiste Corrigé de la Riviere* a été supposé. Celui de *neveu du sieur de la Bourgoniere* l'a été de même. Celui enfin de *Charles-Joseph de Rougemont* n'a été, comme les autres, que l'ouvrage du mensonge. Le même crime s'est reproduit trois fois, & a perpétué pendant 40 ans la suppression de l'état véritable. Tout cela, encore une fois, est prouvé jusqu'à l'évidence, & l'étoit, lors de l'Arrêt, par des pieces incontestables, par les regiftres de la penfion de *Ceullin*, par ceux du *College de la Marche*, par le certificat de vie & mœurs de 1733, par les lettres du sieur de la Bourgonniere, par l'acte de notoriété de la famille, par les trois infcriptions de philofophie écrites de la main du Suppliant, & prifes fous les noms de *Marie-Joseph-Jean-Baptiste Corrigé de la Riviere*. Le Suppliant d'ailleurs, comme on l'a déja dit, ne pouvoit avoir eu deux états contradictoires. Il ne pouvoit pas se faire qu'il eût été pendant vingt ans *Marie-*

Joſeph-Jean-Baptiſte Corrigé de la Riviere, & pendant vingt autres années *Charles Joſeph de Rougemont*. Si ces deux états n'étoient pas ſuppoſés, l'un des deux au moins l'étoit, l'un des deux étoit faux. Dans toutes les hypotheſes poſlibles, il reſtoit une ſuppoſition démontrée, & il y avoit une ſuppreſſion d'état prouvée, puiſque l'une ne peut aller ſans l'autre.

Enfin ce crime *grave*, ce crime *capital*, ce crime *commis* & *prouvé*, étoit *dénoncé* à la Juſtic. Il l'étoit par le Suppliant, intéreſſé à abdiquer un état ſuppoſé, & à rentrer dans la poſſeſſion de celui qui lui appartenoit ; c'étoit le ſeul intérêt qu'il lui fût permis de préſenter à la Juſtice. Mais un intérêt bien ſupérieur ſe joignoit à celui du Suppliant. L'intérêt public avoit excité le zele du Magiſtrat à qui le dépôt en eſt confié par VOTRE MAJESTÉ. « Voilà, diſoit-il aux » Magiſtrats, un homme dont on a certainement »ſupprimé l'état, & à qui on en a certainement »ſuppoſé un. La poſſeſſion qu'il a eue pendant vingt »ans des noms de *Marie-Joſeph-Jean-Baptiſte Cor-*»*rigé de la Riviere*, & l'abdication qu'il a faite enſuite »de cet état, pour prendre celui de *Charles-Joſeph* »*de Rougemont*, prouvent que l'un de ces deux états, »peut-être qu'aucun des deux, n'étoit le ſien. Il eſt »même incertain s'il a été baptiſé. Cette incertitude eſt »la ſuite inévitable de la preuve acquiſe de la ſuppoſi-»tion & de la ſupreſſion d'état. Il eſt indiſpenſable pour »lui d'éclaircir de pareils faits ; & quand le Réclamant »n'auroit pas le plus grand intérêt à les approfondir, no-»tre Miniſtère ſeul nous impoſeroit la loi de les pénétrer. »Le bien de la Société, l'ordre public, la néceſſité de

» prévenir de femblables crimes, exigent de nous que
» nous cherchions les auteurs de ce double attentat com-
» mis contre le Réclamant, & que nous déployons
» contre eux toute la févérité de notre Miniftère ».

Tel étoit le langage du Miniftère public, tel fut le
motif de fa plainte ; mais fi c'eft une irrégularité ma-
nifefte que d'avoir *omis* de prononcer fur cette plainte,
n'eft-ce pas l'injuftice la plus évidente, la contravention
la plus formelle aux Loix du Royaume, & le mépris le
plus marqué du bien public, que de n'y avoir pas fait
droit ?

Quoi ! le crime eft prouvé, & l'on refufe de le voir
& d'en approfondir les effets ! La fuppreffion & la
fuppofition d'état font certaines, & l'on ne veut pas
connoître quels en font les auteurs ! Un infortuné,
victime de ce double crime, s'en plaint, & on ne l'é-
coute pas ! Le Miniftère public joint fa voix à la
fienne, & il fait d'inutiles efforts ! Le crime le plus
fatal à la fociété, le plus dangereux dans fes fuites,
trouve un afyle dans le fanctuaire des Loix ! Rien,
non rien ne peut excufer un tel Jugement.

L'opinion, les préjugés, ont produits ces injuftices ;
& une premiere erreur a été la fource de toutes les autres.
On a cru pouvoir abandonner cette préfomption fa-
lutaire qui, dans l'obfcurité qui accompagne la naiffance de l'homme, conduit à la paternité par la maternité même ; on a cru pouvoir s'écarter de la Loi
qui déclare pere de l'enfant le mari de celle qui le met
au monde. Au lieu de fe foumettre à cette Loi fage,
qui *ne préfume jamais le crime, qui, toujours favorable
à l'innocence, quand un même effet peut avoir deux
caufes,*

caufes , l'une injufte , l'autre jufte , rejette abfolument la premiere , pour s'attacher uniquement à la féconde *, on s'eft abandonné à tous les préjugés que la calomnie avoit pu femer , on n'a plus écouté que l'opinion ; la *prévention* a fermé les yeux à la lumiere , & le terme de ces erreurs a été de laiffer impuni le crime qui étoit prouvé , & de punir , par la honte & l'infamie , une mere & un fils , d'un crime qui ne l'étoit pas , & qui étoit même détruit par les plus forts indices.

* M. d'Aguef-
feau, *vid. fupra.*

On n'a pas même réfléchi qu'en adoptant ces préjugés injuftes , & que la Loi condamne , le crime de fuppreffion & de fuppofition d'état n'en étoit pas moins réel , & ne devoit pas moins dès-lors être l'objet de la vindiĉte publique. Car fi le Suppliant étoit redevable de fa naiffance au crime de fa mere , c'étoit une nouvelle preuve qu'il n'étoit pas fils des Sieur & Dame de Rougemont ; c'étoit une nouvelle preuve qu'on avoit fupprimé fon véritable état , pour lui en fuppofer un autre.

Mais ce qui étonnera encore plus VOTRE MAJESTÉ, c'eft que tous ces principes , toutes ces Loix qu'on a perdus de vue dans cette Caufe, venoient d'être confacrés dans le même Tribunal, dans des circonftances, infiniment moins favorables, que celles où fe trouvoit le Suppliant.

La Ducheffe d'*Hamilton* ayant prétendu que le Duc de *Douglas* n'étoit qu'un enfant fuppofé, avoit rendu plainte de cette prétendue fuppofition au Parlement de Paris, comme Juge du lieu où elle articuloit que le délit avoit été commis, elle avoit demandé permiffion d'informer. Cette demande tendoit à dépouiller

G

le Duc de Douglas de son état, & des biens immenses qui y sont attachés. Et si l'on dut jamais hésiter d'admettre la preuve testimoniale dans cette matiere, quelles difficultés n'auroit pas dû éprouver la Duchesse d'Hamilton! Celui qu'elle attaquoit étoit en possession, depuis sa naissance, de son état. Le Duc de Douglas étoit d'ailleurs muni d'un acte de baptême, qui constatoit d'une maniere juridique cet état. Enfin la Duchesse d'Hamilton n'alléguoit ni preuve, ni commencement de preuve de cette supposition; elle demandoit seulement de faire la preuve. Sa plainte a été reçue; on lui a permis d'informer, même de publier monitoire. Les informations ont été faites; il s'en fait encore aujourd'hui de nouvelles, de l'autorité même de Votre Majesté, & en vertu de Lettres-patentes, par lesquelles Votre Majesté a autorisé les Commissaires, nommés par la Cour de Session d'Ecosse, à procéder en conformité des Jugemens de cette Cour.

Des Etrangers, Sire, ont vu ainsi se déployer en leur faveur l'autorité bienfaisante des Loix & des Tribunaux de votre Royaume; la Justice a écouté leurs plaintes; le Parlement a cru devoir admettre la preuve contre un acte de baptême, contre une possession d'état, sans aucun commencement de preuve; & un François, un Sujet de Votre Majesté, un homme qui n'a eu jusqu'à présent d'existence que pour la consacrer au service de son Roi, n'a pu obtenir la même Justice! Ce n'est pas assez dire la même justice; car combien ses plaintes n'étoient-elles pas plus favorables, que celles de la Duchesse d'Hamilton? Il ne prétendoit point dépouiller un autre de son état; il ne demandoit que de recouvrer le sien. Il ne demandoit pas à faire preuve

de la fuppofition d'état ; il la prouvoit. S'il avoit à fur-
monter une poffeffion différente de celle de l'état qu'il
réclamoit, cette poffeffion étoit détruite par une poffeffion contraire de vingt années. S'il exiftoit un acte
de baptême, cet acte, ainfi que l'application qui en
avoit été faite au Suppliant, étoit évidemment l'ouvrage de la fraude. A la preuve acquife de la fuppofition & de la fuppreffion d'état, il réuniffoit les preuves
les plus fortes de l'état qu'il réclamoit : mille aveux de
fa mere, des foins continuels de fa part depuis le premier inftant de fa naiffance ; mille témoignages de fes
plus proches parens. Enfin le Miniftère public étoit
lui-même plaignant. La Juftice a donc eu deux poids
& deux mefures : elle a rejetté d'une main les principes qu'elle confacroit de l'autre. Le Sujet de VOTRE
MAJESTÉ a vu s'éclipfer pour lui toutes les Loix defti-
nées à le protéger ; & la Juftice n'a été jufte que pour
le Sujet d'une domination étrangere ! Ce contrafte
affligeant va ceffer fans doute. C'eft au nom de VOTRE
MAJESTÉ que cette Juftice s'adminiftre ; c'eft par votre
autorité qu'elle doit être maintenue dans l'unité des
principes qui la conftituent.

Le dernier moyen du Suppliant eft *l'injuftice évidente ;* c'eft le corollaire de toutes les réflexions qu'il a
eu l'honneur de préfenter à VOTRE MAJESTÉ juf-
qu'ici. Dans tout ce qui réfulte de l'Arrêt, l'injuftice
accompagne la contravention aux Loix & aux Ordonnances, parce que ce n'eft pas fimplement dans des
formes que l'Arrêt s'eft écarté de ces Loix & Ordonnances, mais dans des difpofitions qui devoient être
l'unique regle du Jugement.　　　　G ij

SEPTIEME
MOYEN DE
CASSATION.

Cet Arrêt contient une *injuſtice évidente*, en ce qu'il condamne un Sujet de Votre Majesté à demeurer ſans aucun état, ou en ce qu'il le réduit à ſe contenter d'un état qui ne ſeroit devenu le ſien qu'à l'âge de vingt ans, que ſon Régiment lui a conteſté, qui ne lui donne ni pere, ni mere, ni parens, ni fortune, & qui n'a été dans la vérité qu'une nouvelle ſuppoſition.

Cet Arrêt contient *une injuſtice évidente*, en ce qu'il a refuſé de reconnoître pour pere de l'enfant le mari de celle qui s'avouoit, & que tout publioit être ſa mere.

Il contient une *injuſtice évidente*, en ce qu'il eſt évidemment l'effet des ſoupçons d'illégitimité auxquels on s'eſt abandonné ; ſoupçons que la Loi rejette, ſoupçons qu'on n'a pu autoriſer, qu'en préſumant coupable d'adultere une mere, qui n'avoit été ni accuſée ni convaincue.

Si l'on n'a pas cru que la Dame Hatte fût la mere, on a commis *une autre injuſtice évidente*, en ne ſéviſſant pas contre elle pour avoir oſé ſe déclarer la mere d'un homme, qu'on jugeoit n'être pas ſon fils.

C'eſt encore *une injuſtice évidente*, que de n'avoir pas du moins admis la preuve d'un état que les *adminicules*, que les préſomptions même les plus fortes, que des *commencemens de preuves par écrit*, que des preuves déja faites, démontroient être l'état du Suppliant.

Enfin c'eſt *une injuſtice évidente*, que d'avoir dédaigné de rechercher les auteurs de la ſuppreſſion & de la ſuppoſition d'état commiſes dans la perſonne du Suppliant, & dont les preuves étoient ſous les yeux de la Juſtice.

VOTRE MAJESTÉ a admis cent fois, comme un moyen de caſſation, l'*injuſtice évidente*. Mais dans quelle affaire le *mal jugé évident* pourra-t-il être propoſé, ſi ce n'eſt dans celle-ci? L'état des hommes tient à l'ordre public, c'eſt leur bien le plus cher; mais c'eſt en outre le bien le plus précieux & le plus eſſentiel de la ſociété civile; ſon harmonie ſeroit bientôt troublée, ſi les principes qui ſervent de fondement à la légitimité pouvoient être ébranlés & méconnus. Juger contre ces principes, c'eſt donc attenter à la ſociété civile & à l'ordre public. Or tout attentat à l'ordre public devient une ouverture de caſſation.

Eh! qui les maintiendra, SIRE, ces principes ſalutaires, ſi VOTRE MAJESTÉ tolere le jugement qui les anéantit? Sur la ruine des regles, VOTRE MAJESTÉ laiſſera-t-elle s'élever une Juriſprudence, dont la baſe ſeroit l'opinion, & dont toute la ſcience conſiſteroit déſormais à ne plus juger les cauſes, mais les perſonnes? Au lieu de n'écouter que la Loi, on n'écouteroit plus que les préjugés; au lieu de n'admettre que ce qui eſt prouvé, on ſe livreroit aux premieres impreſſions qu'inſpire la malignité : l'opinion, ce juge aveugle & preſque toujours injuſte, deviendroit le tyran des Sujets de VOTRE MAJESTÉ.

Le Suppliant jouiroit aujourd'hui de ſon état, ſi l'on ne s'étoit pas permis de penſer qu'il eſt le fruit de l'adultere de ſa mere. Mais il eſt donc ſon fils! Pourquoi du moins ne le pas reconnoître? Pourquoi lui refuſer la conſolation de pouvoir l'appeller ſa mere? Le crime de la mere n'ôte pas au fils les droits que la nature lui a donnés. Le crime de la mere ne doit pas priver le fils de la confolation d'appartenir au moins à quelqu'un dans la nature. Le crime de la mere! mais en exifte-t-il quelque preuve? A-t-on même tenté d'en faire une? Son mari l'a-t-il accufée? Quand il l'auroit accufée, la Loi ne dit-elle pas, M. d'Aguefleau ne l'a-t-il pas dit d'après elle, le Parlement lui-même n'a-t-il pas jugé que, quoique la mere foit coupable, l'enfant peut être cependant l'enfant du mariage, & que dans le doute il faut prononcer en faveur de l'enfant? *Poteft illa adultera effe & impubes defunctum patrem habuiffe.* Le crime de la mere! mais devoit-on même en conferver le foupçon après toutes les preuves qu'on a rapportées des relations que les Sieur & Dame Hatte n'avoient ceffé d'entretenir malgré leur féparation, des affiduités du mari auprès de l'époufe, des réconciliations cinq fois projettées & quelquefois même exécutées entre eux, mais toujours traverfées par une ennemie domeftique qui nourriffoit fans ceffe dans le cœur du mari le poifon de cette jaloufie cruelle, qui a été la fource de tous les malheurs du Suppliant *? Le crime de la mere! mais fi elle eût été coupable, fa famille, celle de fon mari, fes filles elles-mêmes auroient-elles pris perpétuellement fa défenfe; comme on l'a vu dans différentes lettres qui feront produites *? Son crime! elle n'en a commis qu'un qui eft prouvé, fi l'Arrêt du Parlement fubfifte, & dont on ne l'a pas punie, quoiqu'on dût le faire d'après ce que l'on jugeoit. Cette mere a affirmé à la Juftice que le Suppliant eft fon fils. Le Parlement, en jugeant que le Suppliant ne l'eft pas, a donc jugé que la déclaration de la mere étoit fauffe, que fon affirmation étoit un parjure, qu'elle étoit d'in-

telligence avec un impofteur pour tromper le public ,
la Juftice , & pour s'enrichir avec lui des dépouilles &
de la fubftance de fes propres filles. Tout cela réfulte
du Jugement : & cependant on n'a puni ni cette mere ,
ni l'impofteur qu'elle s'étoit affocié !

La Juftice fouveraine de VOTRE MAJESTÉ verra-t-
elle fans émotion ce nouveau trait d'injuftice ou de
contradiction ? Non , SIRE , les Loix , dont le regne
eft plus cher à VOTRE MAJESTÉ que le fien propre, ou
plutôt dont le regne eft celui même de VOTRE MA-
JESTÉ , défendront auprès d'Elle le Suppliant contre
ces préjugés odieux & injuftes dont il a été la victime :
& l'on verra revivre , fous le plus jufte des Rois, ces
loix juftes & faintes que tous les fiecles paffés ont vu
refpecter & maintenir.

Sur la fin du regne de Votre Augufte Bifayeul ,
une mere coupable effaya de dérober aux regards de
fon époux un enfant qu'elle croyoit être le fruit de
fon crime. Elle le fit baptifer fecrétement fans nom
de pere : elle le fit élever encore plus fecrétement par
celui même qui avoit été le complice de fon crime.
Accufée d'adultere par fon mari , elle fit l'aveu de fon
infidélité , elle déclara que fon fils n'étoit pas le fils
de fon mari , elle fut enfin condamnée aux peines de
l'*autentique*, & fon complice au banniffement. Il fut
enfuite queftion de prononcer fur l'état de l'enfant. Ce fut dans cette Caufe célebre, que l'illuftre
M. *d'Agueffeau* développa ces grands principes qu'on
a déja rappellés. Qu'il foit permis encore au Suppliant
de retracer fous les yeux de VOTRE MAJESTÉ les réflexions de ce grand homme : il puifa dans les Loix

mêmes la réponse à tous les doutes qui sembloient s'élever contre l'état de l'enfant.

A l'absence du mari au tems de la conception, il répondit qu'*il étoit possible que le mari fût venu voir sa femme, & que cette possibilité des approches du mari étoit tout ce que la Loi exigeoit.* *

* Tom. 2, Pag. 545.

Sur l'adultere prouvé & jugé, il se contenta de dire : *Nous n'avons pas d'autre réponse à faire que celle de la loi :* « *La mere est adultere, mais l'enfant peut être légitime* » : *POTEST ILLA ADULTERA ESSE ET IMPUBES DEFUNCTUM PATREM HABUISSE* *.

*Ibid.

Quant aux reconnoissances & déclarations de la mere, il observa, *que cette mere avoit pu se tromper sur le commencement de la grossesse, & qu'elle avoit peut-être appréhendé que son mari n'en portât le même jugement. Ni sa passion, ni son erreur,* ajouta-t-il, *ne peuvent faire aucun préjudice à l'état de son fils ; & d'ailleurs, le motif qni l'a déterminée à cacher sa grossesse est trop incertain, pour décider, par cette circonstance, de la condition & de la fortune d'un citoyen* *.

* Pag. 546.

Les soins qu'avoit pris le complice du sort de l'enfant, le secret du baptême, le myftere de l'éducation, *tout cela,* dit encore M. d'Aguesseau, *doit être regardé comme une suite de la même erreur, & la loi nous défend de prononcer, sur de telles présomptions, contre l'état d'un enfant* * : *IN DUBIO PRO LEGITIMITATE RESPONDENDUM.*

* Ibid.

Il conclut en disant :

Toutes ces circonstances, lorsqu'on les réunit, sont si considérables, que les principes du Droit & les maximes les plus certaines paroissent devenir douteuses, en considerant *considérant un si grand nombre de témoignages qui concourent à faire présumer que celui qui réclame l'état de fils légitime est le fruit du crime de sa mere. Mais n'abandonnons pas l'autorité des seuls principes qui puissent assurer l'état des hommes, & ne nous laissons pas tellement frapper par cette multitude de présomptions, que nous donnions atteinte aux fondemens de la société civile. Ces argumens qu'on oppose à l'enfant sont vraisemblables, mais ils ne sont pas invincibles *.*

* Pag. 545.

C'étoit la loi même qui parloit par la bouche de ce Magistrat, la gloire de son siecle & le modele le plus digne d'être proposé à tous les siecles qui suivront. Etoit-il même possible d'adopter raisonnablement d'autres maximes ? De quelque obscurité que soit environnée la naissance d'un enfant, quelque évident que soit le crime de la mere, quelques présomptions que l'on rassemble contre la légitimité, quelque chose enfin qu'on puisse dire sur le danger d'admettre des étrangers dans une famille, tant qu'il est impossible d'affirmer que l'enfant doit sa naissance à un autre qu'au mari, tant qu'on ne peut pas prouver que le mari n'est pas l'auteur de ses jours, l'équité, la justice, la raison, l'humanité, tout exige qu'on regarde l'enfant qui nait de la mere, comme l'enfant du mari ; ou bien il faut, sur le débris des Loix, établir déformais pour maximes, que dans le doute on doit toujours prononcer contre la légitimité, que dans le doute il faut toujours présumer le crime, & qu'entre deux causes possibles, on ne doit admettre que celle qui est injuste & contraire à l'honnêteté publique.

H